BEI GRIN MACHT SICH IHR WISSEN BEZAHLT

- Wir veröffentlichen Ihre Hausarbeit,
  Bachelor- und Masterarbeit

- Ihr eigenes eBook und Buch -
  weltweit in allen wichtigen Shops

- Verdienen Sie an jedem Verkauf

Jetzt bei www.GRIN.com hochladen
und kostenlos publizieren

Anonym

Mindmaps Erstes Staatsexamen Deutschdidaktik

GRIN Verlag

Bibliografische Information der Deutschen Nationalbibliothek:

Die Deutsche Bibliothek verzeichnet diese Publikation in der Deutschen National-
bibliografie; detaillierte bibliografische Daten sind im Internet über http://dnb.d-
nb.de/ abrufbar.

Dieses Werk sowie alle darin enthaltenen einzelnen Beiträge und Abbildungen
sind urheberrechtlich geschützt. Jede Verwertung, die nicht ausdrücklich vom
Urheberrechtsschutz zugelassen ist, bedarf der vorherigen Zustimmung des Verla-
ges. Das gilt insbesondere für Vervielfältigungen, Bearbeitungen, Übersetzungen,
Mikroverfilmungen, Auswertungen durch Datenbanken und für die Einspeicherung
und Verarbeitung in elektronische Systeme. Alle Rechte, auch die des auszugsweisen
Nachdrucks, der fotomechanischen Wiedergabe (einschließlich Mikrokopie) sowie
der Auswertung durch Datenbanken oder ähnliche Einrichtungen, vorbehalten.

Impressum:

Copyright © 2012 GRIN Verlag GmbH
Druck und Bindung: Books on Demand GmbH, Norderstedt Germany
ISBN: 978-3-656-71220-6

Dieses Buch bei GRIN:

http://www.grin.com/de/e-book/277739/mindmaps-erstes-staatsexamen-deutschdi-
daktik

GRIN - Your knowledge has value

Der GRIN Verlag publiziert seit 1998 wissenschaftliche Arbeiten von Studenten, Hochschullehrern und anderen Akademikern als eBook und gedrucktes Buch. Die Verlagswebsite www.grin.com ist die ideale Plattform zur Veröffentlichung von Hausarbeiten, Abschlussarbeiten, wissenschaftlichen Aufsätzen, Dissertationen und Fachbüchern.

Besuchen Sie uns im Internet:

http://www.grin.com/

http://www.facebook.com/grincom

http://www.twitter.com/grin_com

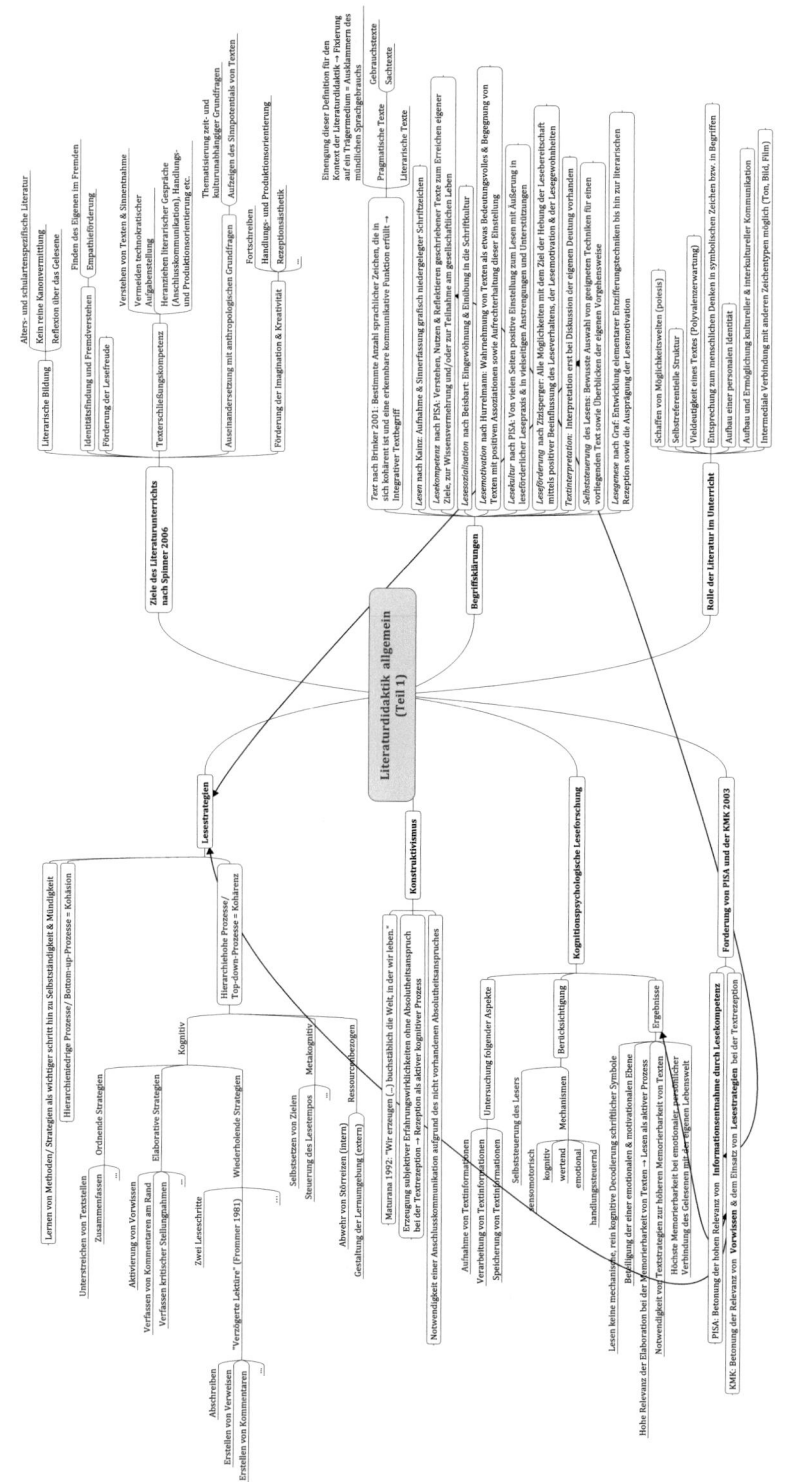

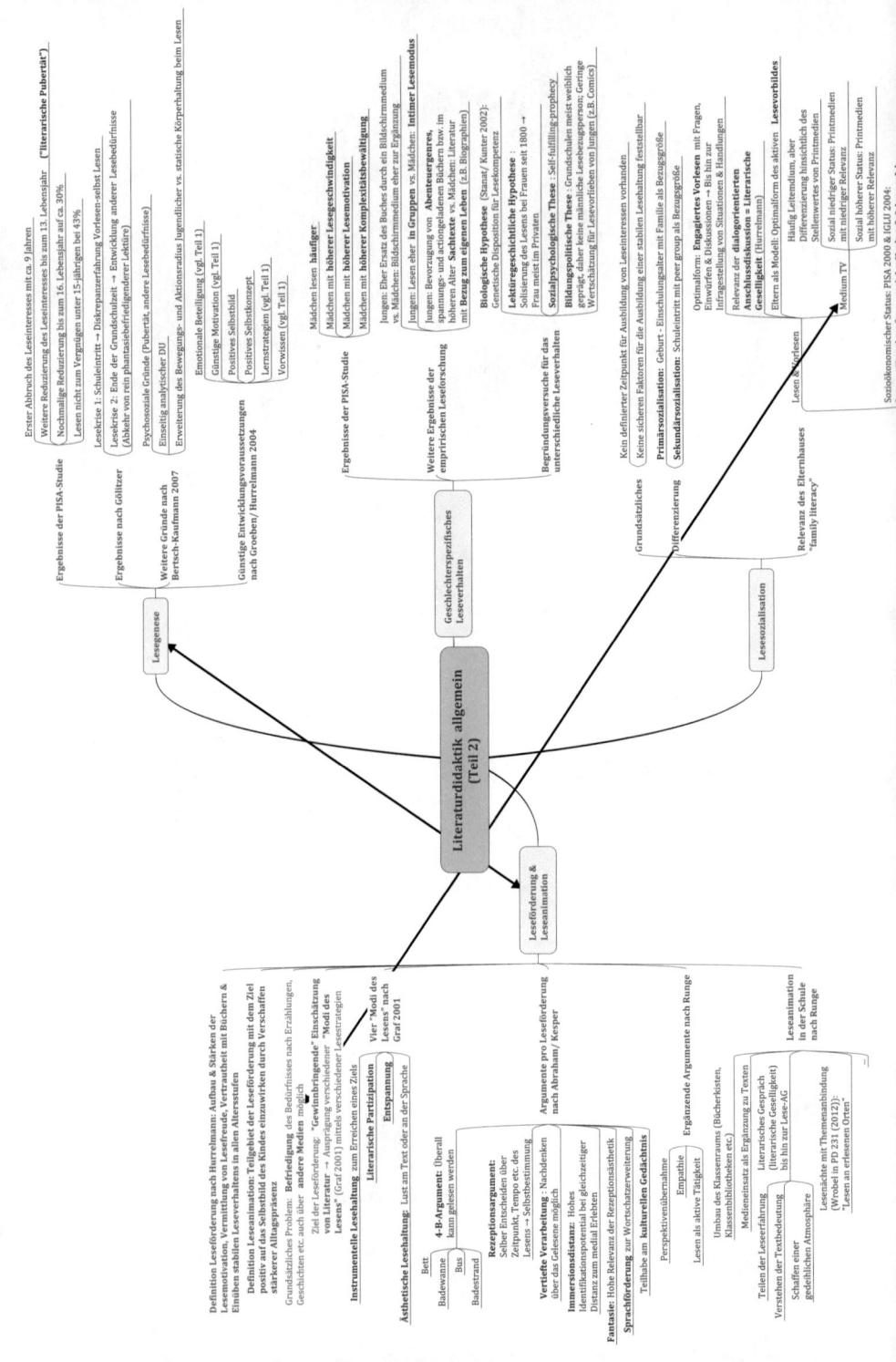

Literaturdidaktik allgemein (Teil 2)

Lesegenese

Ergebnisse der PISA-Studie
- Erster Abbruch des Leseinteresses mit ca 9 Jahren
- Weitere Reduzierung des Leseinteresses bis zum 13. Lebensjahr ("literarische Pubertät")
- Nochmalige Reduzierung bis zum 16. Lebensjahr auf ca. 30%
- Lesen nicht zum Vergnügen unter 15-jährigen bei 43%

Ergebnisse nach Göltzer
- Lesekrise 1: Schuleintritt → Diskrepanzerfahrung Vorlesen-selbst Lesen
- Lesekrise 2: Ende der Grundschulzeit → Entwicklung anderer Lesebedürfnisse (Abkehr von rein phantasiebefriedigender Lektüre)

Weitere Gründe nach Bertsch-Kaufmann 2007
- Psychosoziale Gründe (Pubertät, andere Lesebedürfnisse)
- Einstieg analytischer DU
- Erweiterung des Bewegungs- und Aktionsradius Jugendlicher vs. statische Körperhaltung beim Lesen

Günstige Entwicklungsvoraussetzungen nach Groeben/ Hurrelmann 2004
- Emotionale Beteiligung (vgl. Teil 1)
- Günstige Motivation (vgl. Teil 1)
- Positives Selbstbild
- Positives Selbstkonzept
- Lernstrategien (vgl. Teil 1)
- Vorwissen (vgl. Teil 1)

Geschlechterspezifisches Leseverhalten

Ergebnisse der PISA-Studie
- Mädchen lesen **häufiger**
- Mädchen mit **höherer Lesegeschwindigkeit**
- Mädchen mit **höherer Lesemotivation**
- Mädchen mit **höherer Komplexitätsbewältigung**
- Jungen: Eher Ersatz des Buches durch ein Bildschirmmedium vs. Mädchen: Bildschirmmedium eher zur Ergänzung
- Jungen: Lesen eher **in Gruppen** vs. Mädchen: **Intimer Lesemodus**

Weitere Ergebnisse der empirischen Leseforschung
- Jungen: Bevorzugung von **Abenteuergenres**, spannungs- und actionsgeladenen Büchern bzw. im höheren Alter **Sachtexte** vs. Mädchen: Literatur mit **Bezug zum eigenen Leben** (z.B. Biographien)

Begründungsversuche für das unterschiedliche Leseverhalten
- **Biologische Hypothese** (Stanat/ Kunter 2002): Genetische Disposition für Lesekompetenz
- **Lektüregeschichtliche Hypothese** : Solisierung des Lesens bei Frauen seit 1800 → Frau meist im Privaten
- **Sozialpsychologische These** : Self-fulfilling-prophecy
- **Bildungspolitische These** : Grundschulen meist weiblich geprägt, daher keine männliche Lesebezugsperson; Geringe Wertschätzung für Leservorlieben von Jungen (z.B. Comics)

Lesesozialisation

Grundsätzliches
- Kein definierter Zeitpunkt für Ausbildung von Leseinteressen vorhanden
- Keine sicheren Faktoren für die Ausbildung einer stabilen Lesehaltung feststellbar

Differenzierung
- **Primärsozialisation:** Geburt – Einschulungsalter: Schuleintritt mit peer group als Bezugsgröße
- **Sekundärsozialisation:** Schuleintritt mit Familie als Bezugsgröße

Relevanz des Elternhauses "family literacy"

Lesen & Vorlesen
- Optimalform: **Engagiertes Vorlesen** mit Fragen, Einwürfen & Diskussionen → Bis hin zur Infragestellung von Situationen & Handlungen
- Relevanz der dialogorientierten **Anschlussdiskussion = Literarische Geselligkeit** (Hurrelmann)

Medium TV
- Eltern als Modell Optimalform des aktiven **Lesevorbildes**
- Häufig Leitmedium, aber Differenzierung hinsichtlich der Stellenwertes von Printmedien
- Sozial niedriger Status: Printmedien mit niedriger Relevanz
- Sozial höherer Status: Printmedien mit höherer Relevanz

Sozioökonomischer Status: PISA 2000 & IGLU 2004:

Leseförderung & Leseanimation

Definition Leseförderung nach Hurrelmann: Aufbau & Stärken der Lesemotivation, Vermittlung von Lesefreude, Vertrautheit mit Büchern & Einüben stabilen Leseverhaltens in allen Altersstufen

Definition Leseanimation: Teilgebiet der Leseförderung mit dem Ziel positiv auf das Selbstbild des Kindes einzuwirken durch Verschaffen stärkerer Alltagspräsenz

Grundsätzliches Problem: Befriedigung des Bedürfnisses nach Erzählungen, Geschichten etc. auch über **andere Medien** möglich

Ziel der Leseförderung: **"Gewinnbringende"** Einschätzung von Literatur → Ausprägung verschiedener **"Modi des Lesens"** (Graf 2001) mittels verschiedener Lesestrategien

Vier "Modi des Lesens" nach Graf 2001
- **Instrumentelle Lesehaltung:** zum Erreichen eines Ziels
- **Literarische Partizipation**
- **Entspannung**
- **Ästhetische Lesehaltung:** Lust am Text oder an der Sprache

Argumente pro Leseförderung nach Abraham/ Kesper
- **4-B-Argument:** (überall kann gelesen werden)
  - Bett
  - Badewanne
  - Bus
  - Badestrand
- **Rezeptionsargument:** Selber Entscheiden über Zeitpunkt, Tempo etc. des Lesens → Selbstbestimmung
- **Vertiefte Verarbeitung** : Nachdenken über das Gelesene möglich
- **Immersionsdistanz:** Hohes Identifikationspotential bei gleichzeitiger Distanz zum medial Erlebten
- **Fantasie:** Hohe Relevanz der Rezeptionsästhetik
- **Sprachförderung** zur Wortschatzerweiterung
- Teilhabe am **kulturellen Gedächtnis**

Ergänzende Argumente nach Runge
- Perspektivenübernahme
- Empathie
- Lesen als aktive Tätigkeit
- Umbau des Klassenraums (Bücherkisten, Klassenbibliotheken etc.)
- Medieneinsatz als Ergänzung zu Texten
- Literarisches Gespräch (literarische Geselligkeit) bis hin zur Lese-AG
- Teilen der Leserfahrung
- Verstehen der Textbedeutung
- Schaffen einer gedeichlichen Atmosphäre
- Lesenächte mit Themenanbindung (Wrobel in PD 231 (2012)): "Lesen an erlesenen Orten"

Leseanimation in der Schule nach Runge

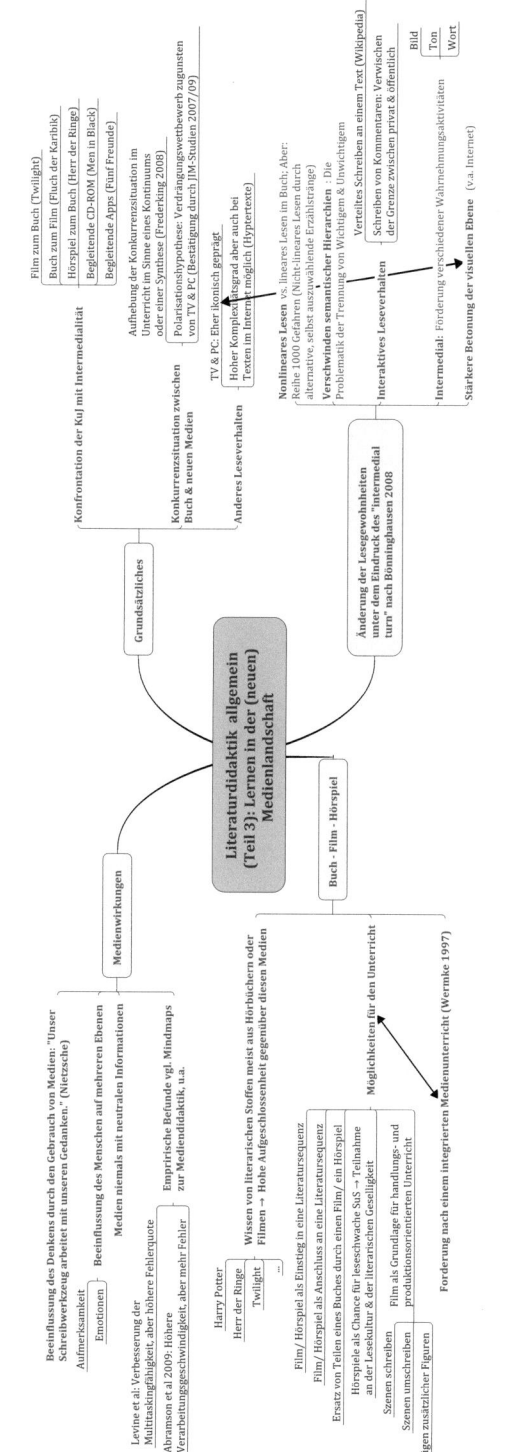

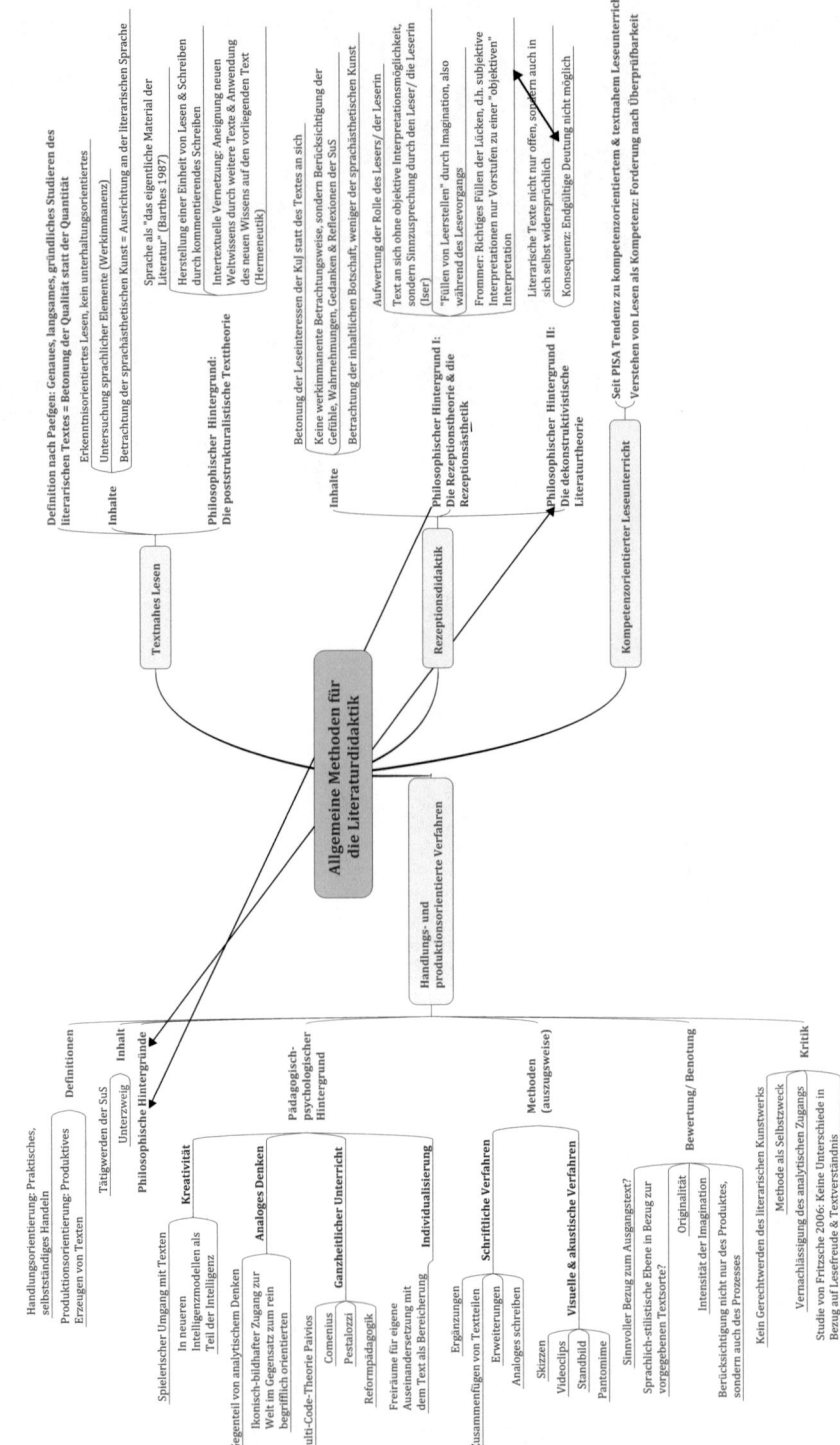

Allgemeine Methoden für die Literaturdidaktik

Textnahes Lesen

Inhalte
- Definition nach Paefgen: Genaues, langsames, gründliches Studieren des literarischen Textes = Betonung der Qualität statt der Quantität
- Erkenntnisorientiertes Lesen, kein unterhaltungsorientiertes
- Untersuchung sprachlicher Elemente (Werkimmanenz)
- Betrachtung der sprachästhetischen Kunst = Ausrichtung an der literarischen Sprache
  - Sprache als "das eigentliche Material der Literatur" (Barthes 1987)
  - Herstellung einer Einheit von Lesen & Schreiben durch kommentierendes Schreiben
  - Intertextuelle Vernetzung: Aneignung neuen Weltwissens durch weitere Texte & Anwendung des neuen Wissens auf den vorliegenden Text (Hermeneutik)

Philosophischer Hintergrund: Die poststrukturalistische Texttheorie

Rezeptionsdidaktik

Inhalte
- Betonung der Leseinteressen der Kul statt des Textes an sich
- Keine werkimmanente Betrachtungsweise, sondern Berücksichtigung der Gefühle, Wahrnehmungen, Gedanken & Reflexionen der SuS
- Betrachtung der inhaltlichen Botschaft, weniger der sprachästhetischen Kunst
  - Aufwertung der Rolle des Lesers / der Leserin
  - Text an sich ohne objektive Interpretationsmöglichkeit, sondern Sinnzusprechung durch den Leser / die Leserin (Iser)
  - "Füllen von Leerstellen" durch Imagination, also während des Lesevorgangs
  - Frommer: Richtiges Füllen der Lücken, d.h. subjektive Interpretationen nur Vorstufen zu einer "objektiven" Interpretation
  - Literarische Texte nicht nur offen, sondern auch in sich selbst widersprüchlich
  - Konsequenz: Endgültige Deutung nicht möglich

Philosophischer Hintergrund I: Die Rezeptionstheorie & die Rezeptionsästhetik

Philosophischer Hintergrund II: Die dekonstruktivistische Literaturtheorie

Kompetenzorientierter Leseunterricht

- Seit PISA Tendenz zu kompetenzorientiertem & textnahem Leseunterricht
- Verstehen von Lesen als Kompetenz: Forderung nach Überprüfbarkeit

Handlungs- und produktionsorientierte Verfahren

Definitionen
- Handlungsorientierung: Praktisches, selbstständiges Handeln
- Produktionsorientierung: Produktives Erzeugen von Texten
- Tätigwerden der SuS
- Unterzweig

Inhalt

Philosophische Hintergründe

Pädagogisch-psychologischer Hintergrund
- Kreativität
  - Spielerischer Umgang mit Texten
  - In neueren Intelligenzmodellen als Teil der Intelligenz
  - Gegenteil von analytischem Denken
- Analoges Denken
  - Ikonisch-bildhafter Zugang zur Welt im Gegensatz zum rein begrifflich orientierten
  - Multi-Code-Theorie Paivios
- Ganzheitlicher Unterricht
  - Comenius
  - Pestalozzi
  - Reformpädagogik
- Individualisierung
  - Freiräume für eigene Auseinandersetzung mit dem Text als Bereicherung

Methoden (auszugsweise)
- Schriftliche Verfahren
  - Ergänzungen
  - Erweiterungen
  - Zusammenfügen von Textteilen
  - Analoges schreiben
- Visuelle & akustische Verfahren
  - Skizzen
  - Videoclips
  - Standbild
  - Pantomime

Bewertung/ Benotung
- Sinnvoller Bezug zum Ausgangstext?
- Sprachlich-stilistische Ebene in Bezug zur vorgegebenen Textsorte?
- Originalität
- Intensität der Imagination
- Berücksichtigung nicht nur des Produktes, sondern auch des Prozesses

Kritik
- Kein Gerechtwerden des literarischen Kunstwerks
- Methode als Selbstzweck
- Vernachlässigung des analytischen Zugangs
- Studie von Fritzsche 2006: Keine Unterschiede in Bezug auf Lesefreude & Textverständnis

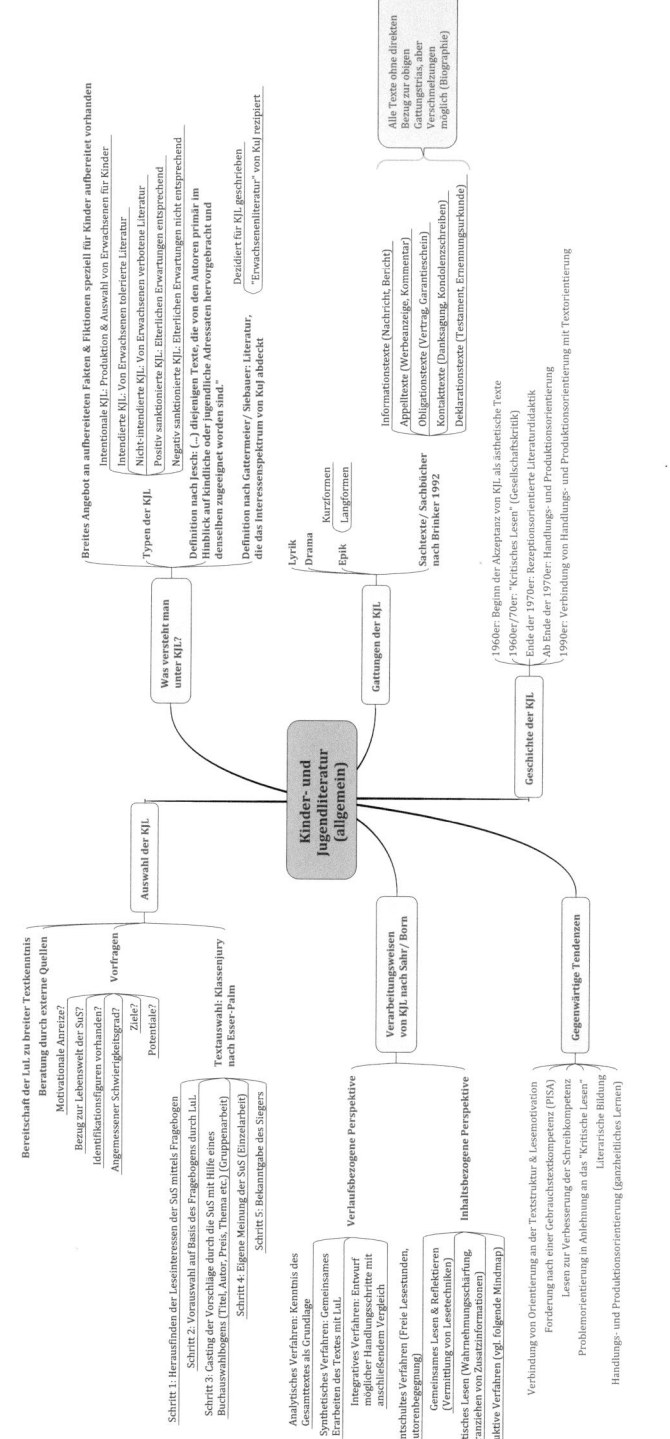

Kinder- und Jugendliteratur (allgemein)

Auswahl der KJL

Vorfragen:
- Bereitschaft der LuL zu breiter Textkenntnis
- Beratung durch externe Quellen
- Motivationale Anreize?
- Bezug zur Lebenswelt der SuS?
- Identifikationsfiguren vorhanden?
- Angemessener Schwierigkeitsgrad?
- Ziele?
- Potentiale?

Textauswahl: Klassenjury nach Esser-Palm
- Schritt 1: Herausfinden der Leseinteressen der SuS mittels Fragebogen
- Schritt 2: Vorauswahl auf Basis des Fragebogens durch LuL
- Schritt 3: Casting der Vorschläge durch die SuS mit Hilfe eines Buchauswahlbogens (Titel, Autor, Preis, Thema etc.) (Gruppenarbeit)
- Schritt 4: Eigene Meinung der SuS (Einzelarbeit)
- Schritt 5: Bekanntgabe des Siegers

Was versteht man unter KJL?

- Breites Angebot an aufbereiteten Fakten & Fiktionen speziell für Kinder aufbereitet vorhanden
- Typen der KJL:
  - Intentionale KJL: Production & Auswahl von Erwachsenen für Kinder
  - Intendierte KJL: Von Erwachsenen tolerierte Literatur
  - Nicht-intendierte KJL: Von Erwachsenen verbotene Literatur
  - Positiv sanktionierte KJL: Elterlichen Erwartungen entsprechend
  - Negativ sanktionierte KJL: Elterlichen Erwartungen nicht entsprechend
- Definition nach Jesch: "(...) diejenigen Texte, die von den Autoren primär im Hinblick auf kindliche oder jugendliche Adressaten hervorgebracht und denselben zugeeignet worden sind."
- Definition nach Gattermeier/ Siebauer: Literatur, die das Interessenspektrum von KuJ abdeckt
  - Dezidiert für KJL geschrieben
  - "Erwachsenenliteratur" von KuJ rezipiert

Gattungen der KJL

- Lyrik
- Drama
- Epik
  - Kurzformen
  - Langformen
- Sachtexte / Sachbücher nach Brinker 1992
  - Informationstexte (Nachricht, Bericht)
  - Appelltexte (Werbeanzeige, Kommentar)
  - Obligationstexte (Vertrag, Garantieschein)
  - Kontaktexte (Danksagung, Kondolenzschreiben)
  - Deklarationstexte (Testament, Ernennungsurkunde)
- Alle Texte ohne direkten Bezug zur obigen Gattungstrias, aber Verschmelzungen möglich (Biographie)

Geschichte der KJL

- 1960er: Beginn der Akzeptanz von KJL als ästhetische Texte
- 1960er/70er: "Kritisches Lesen" (Gesellschaftskritik)
- Ab Ende der 1970er: Rezeptionsorientierte Literaturdidaktik
- Ende der 1970er: Handlungs- und Produktionsorientierung
- 1990er: Verbindung von Handlungs- und Produktionsorientierung mit Textorientierung

Verarbeitungsweisen von KJL nach Sahr/ Born

- Verlaufsbezogene Perspektive
  - Analytisches Verfahren: Kenntnis des Gesamttextes als Grundlage
  - Synthetisches Verfahren: Gemeinsames Erarbeiten des Textes mit LuL
  - Integratives Verfahren: Entwurf möglicher Handlungsschritte mit anschließendem Vergleich
- Inhaltsbezogene Perspektive
  - Entschultes Verfahren (Freie Lesestunden, Autorenbegegnung)
  - Gemeinsames Lesen & Reflektieren (Vermittlung von Lesetechniken)
  - Kritisches Lesen (Wahrnehmungsschärfung, Heranziehen von Zusatzinformationen)
  - Produktive Verfahren (vgl. folgende Mindmap)

Gegenwärtige Tendenzen

- Verbindung von Orientierung an der Textstruktur & Lesemotivation
- Forderung nach einer Gebrauchstextkompetenz (PISA)
- Lesen zur Verbesserung der Schreibkompetenz
- Problemorientierung in Anlehnung an das "Kritische Lesen"
- Literarische Bildung
- Handlungs- und Produktionsorientierung (ganzheitliches Lernen)

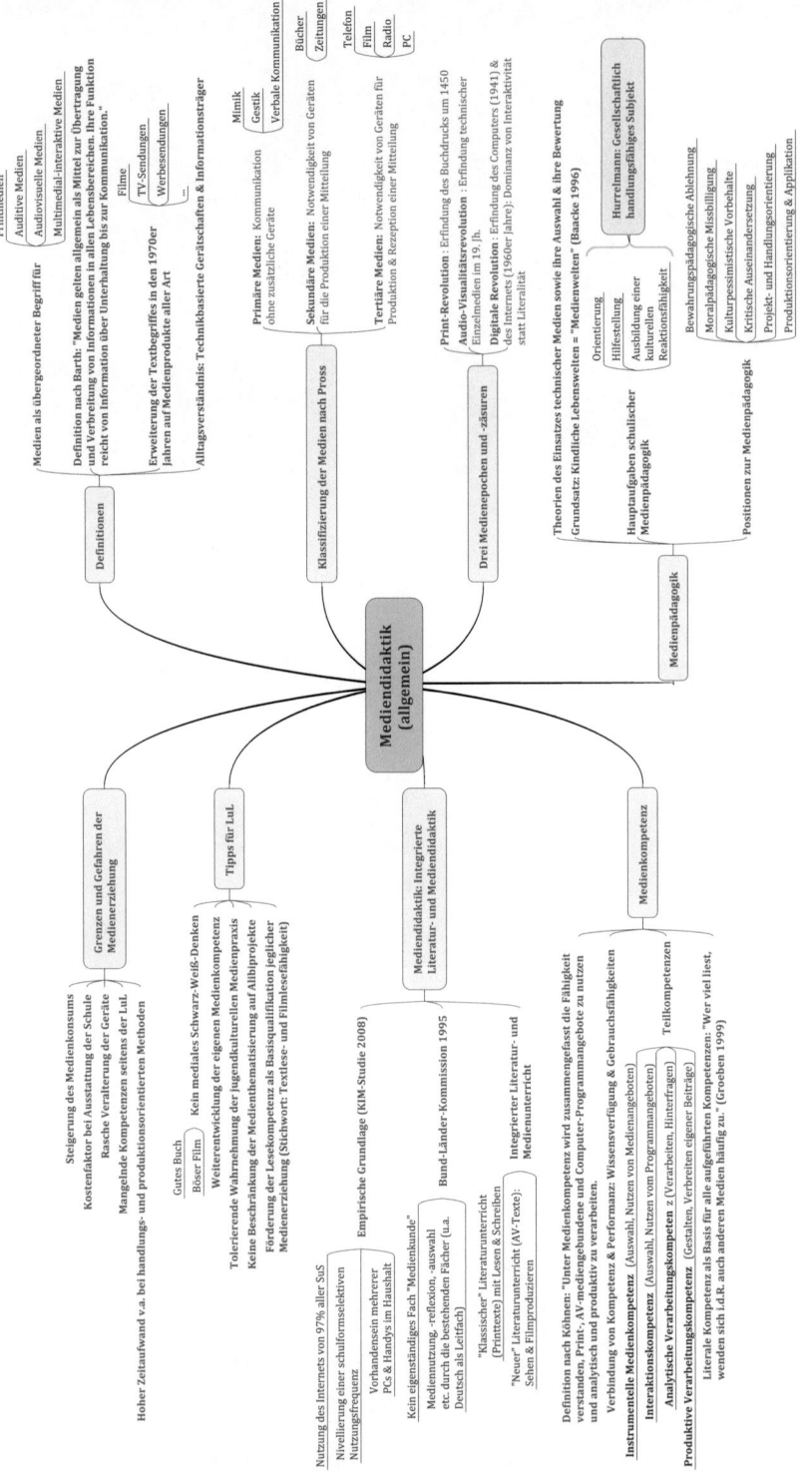

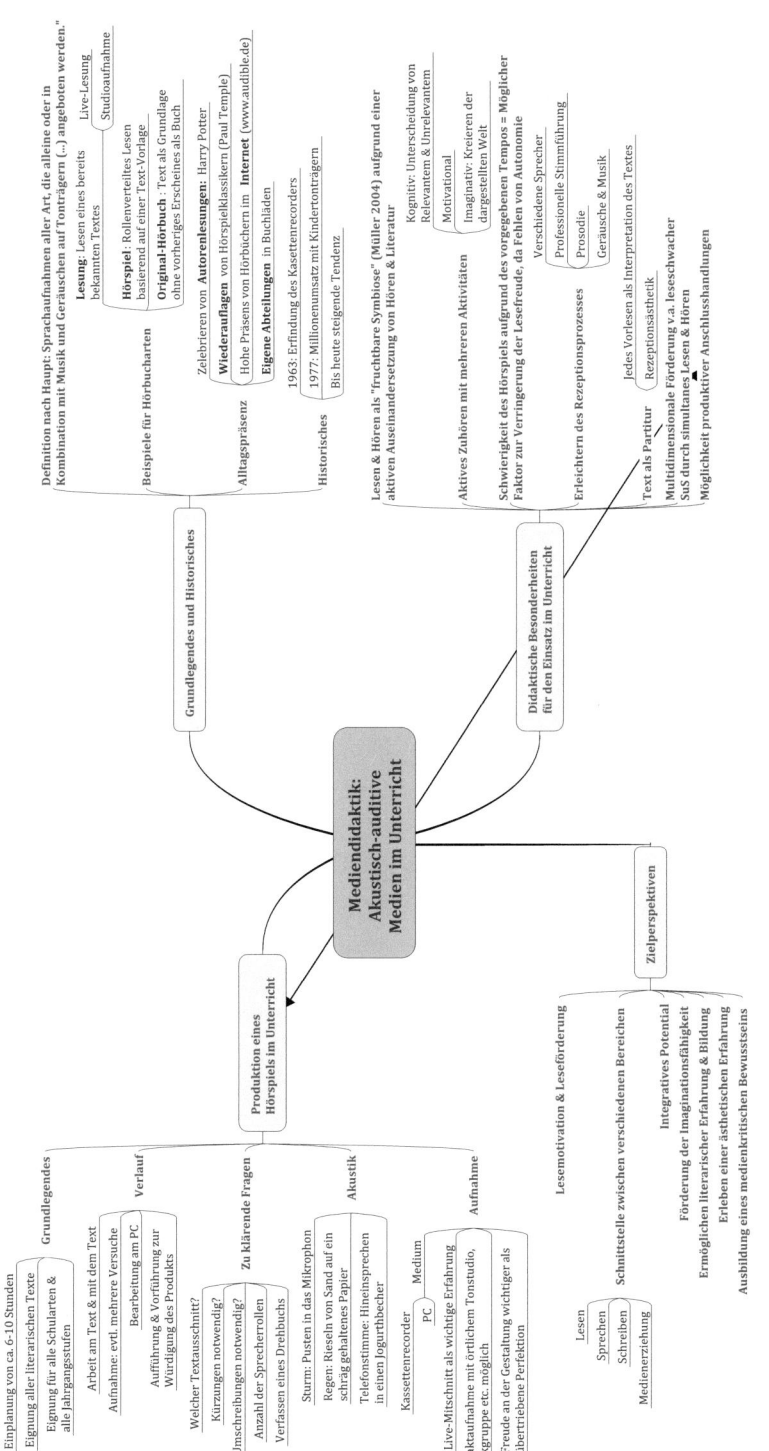

Mediendidaktik: Akustisch-auditive Medien im Unterricht

Grundlegendes und Historisches

Definition nach Haupt: Sprachaufnahmen aller Art, die alleine oder in Kombination mit Musik und Geräuschen auf Tonträgern (…) angeboten werden."

Beispiele für Hörbucharten
- **Lesung:** Lesen eines bereits bekannten Textes
  - Live-Lesung
  - Studioaufnahme
- **Hörspiel:** Rollenverteiltes Lesen basierend auf einer Text-Vorlage
- **Original-Hörbuch:** Text als Grundlage ohne vorheriges Erscheinen als Buch

Alltagspräsenz
- Zelebrieren von **Autorenlesungen:** Harry Potter
- **Wiederauflagen** von Hörspielklassikern (Paul Temple)
- Hohe Präsens von Hörbüchern im **Internet** (www.audible.de)
- **Eigene Abteilungen** in Buchläden

Historisches
- 1963: Erfindung des Kassettenrecorders
- 1977: Millionenumsatz mit Kindertonträgern
- Bis heute steigende Tendenz

Didaktische Besonderheiten für den Einsatz im Unterricht

- Lesen & Hören als "fruchtbare Symbiose" (Müller 2004) aufgrund einer aktiven Auseinandersetzung von Hören & Literatur
- **Aktives Zuhören** mit mehreren Aktivitäten
  - Kognitiv: Unterscheidung von Relevantem & Unrelevantem
  - Motivational
  - Imaginativ: Kreieren der dargestellten Welt
- **Schwierigkeit des Hörspiels** aufgrund des vorgegebenen Tempos = Möglicher Faktor zur Verringerung der Lesefreude, da Fehlen von Autonomie
- **Erleichtern des Rezeptionsprozesses**
  - Verschiedene Sprecher
  - Professionelle Stimmführung
  - Prosodie
  - Geräusche & Musik
- **Text als Partitur**
  - Rezeptionsästhetik
  - Jedes Vorlesen als Interpretation des Textes
- **Multidimensionale Förderung** v.a. leseschwacher SuS durch simultanes Lesen & Hören
- Möglichkeit produktiver Anschlusshandlungen

Produktion eines Hörspiels im Unterricht

Grundlegendes
- Einplanung von ca. 6-10 Stunden
- Eignung aller literarischer Texte
- Eignung für alle Schularten & alle Jahrgangsstufen

Verlauf
- Arbeit am Text & mit dem Text
- Aufnahme: evtl. mehrere Versuche
  - Bearbeitung am PC
- Aufführung & Vorführung zur Würdigung des Produkts

Zu klärende Fragen
- Welcher Textausschnitt?
- Kürzungen notwendig?
- Umschreibungen notwendig?
- Anzahl der Sprecherrollen
- Verfassen eines Drehbuchs

Akustik
- Sturm: Pusten in das Mikrophon
- Regen: Rieseln von Sand auf ein schräg gehaltenes Papier
- Telefonstimme: Hineinsprechen in einen Joghurtbecher

Aufnahme
- **Medium**
  - Kassettenrecorder
  - PC
- Live-Mitschnitt als wichtige Erfahrung
- Kontaktaufnahme mit örtlichem Tonstudio, Musikgruppe etc. möglich
- Freude an der Gestaltung wichtiger als übertriebene Perfektion

Zielperspektiven

Lesemotivation & Leseförderung

Schnittstelle zwischen verschiedenen Bereichen
- Lesen
- Sprechen
- Schreiben
- Medienerziehung

- Integratives Potential
- Förderung der Imaginationsfähigkeit
- Ermöglichen literarischer Erfahrung & Bildung
- Erleben einer ästhetischen Erfahrung
- Ausbildung eines medienkritischen Bewusstseins

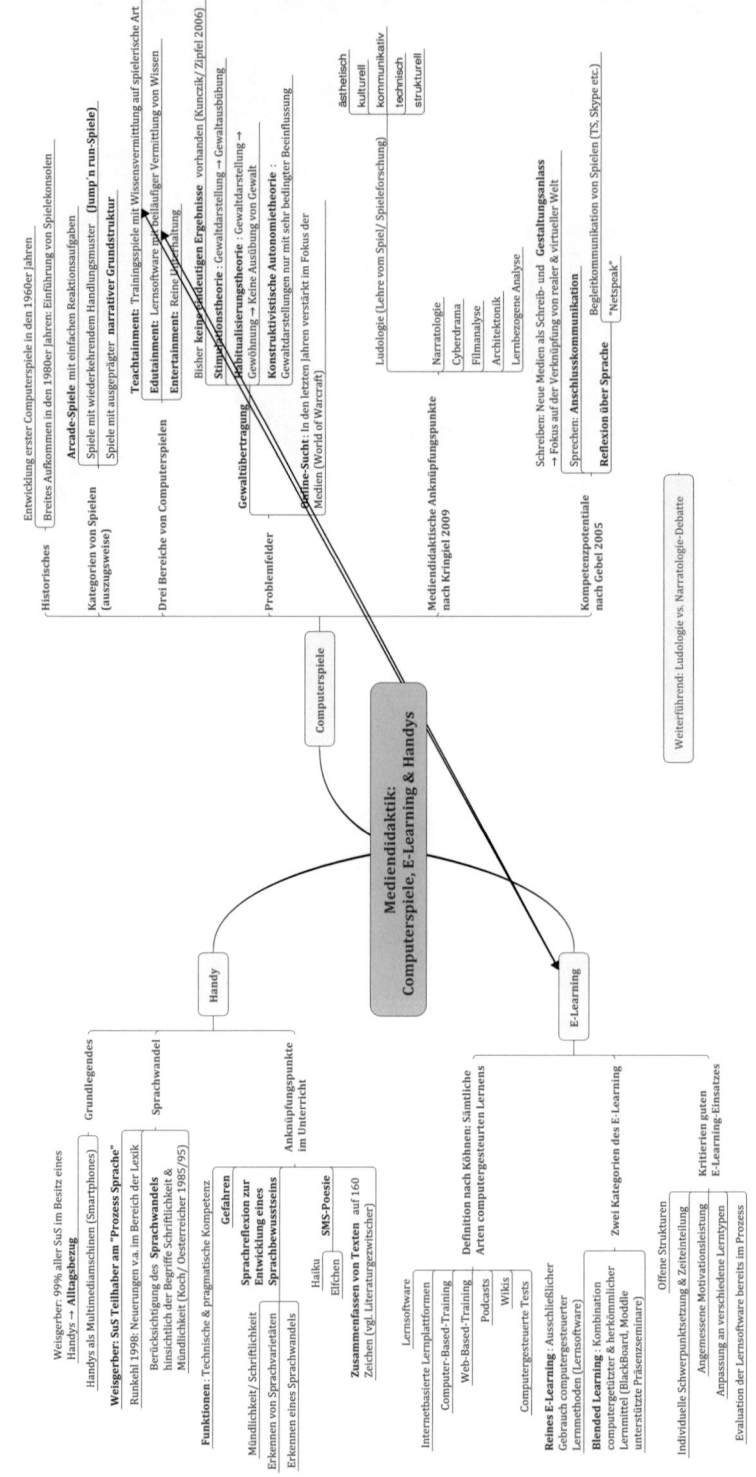

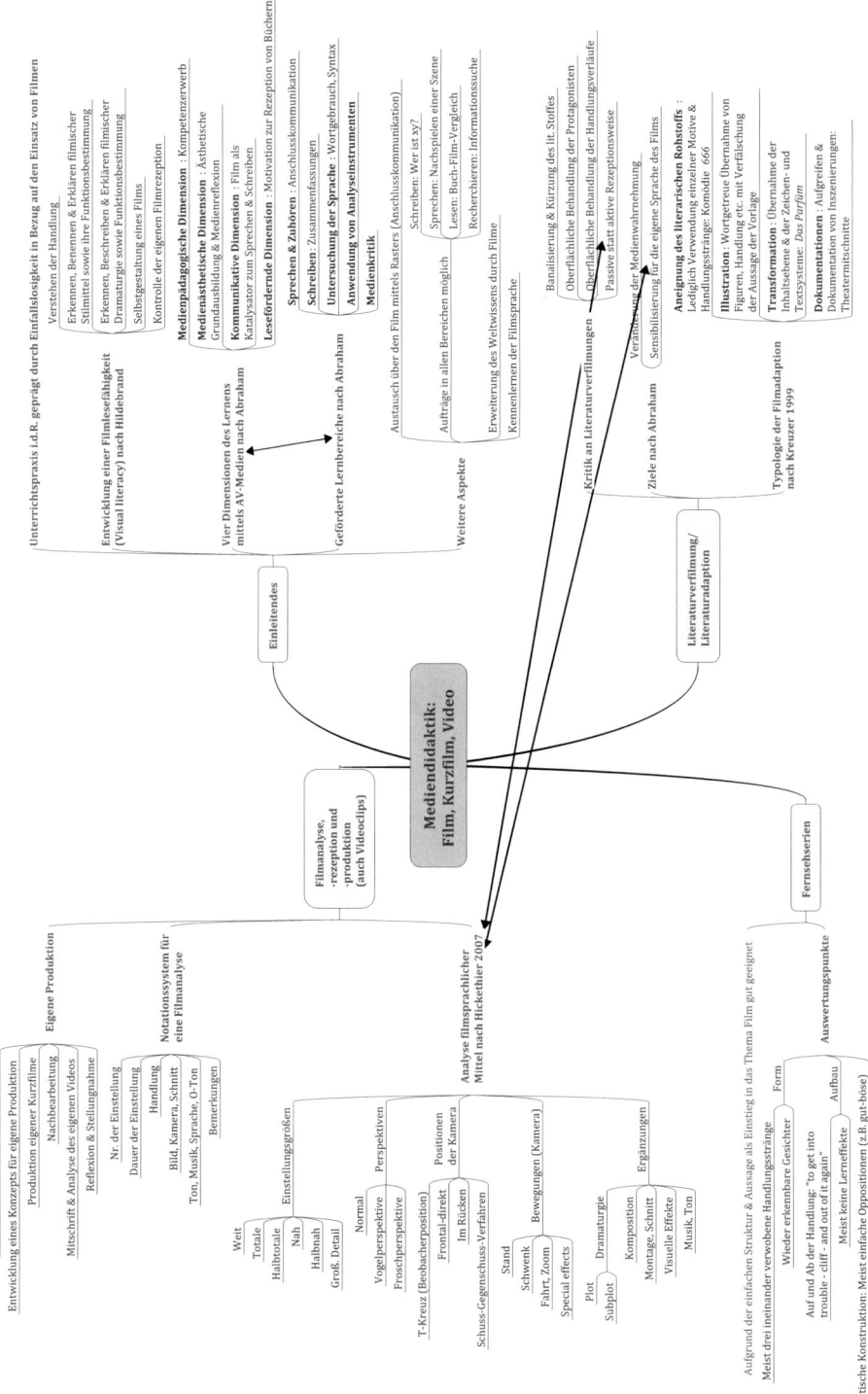

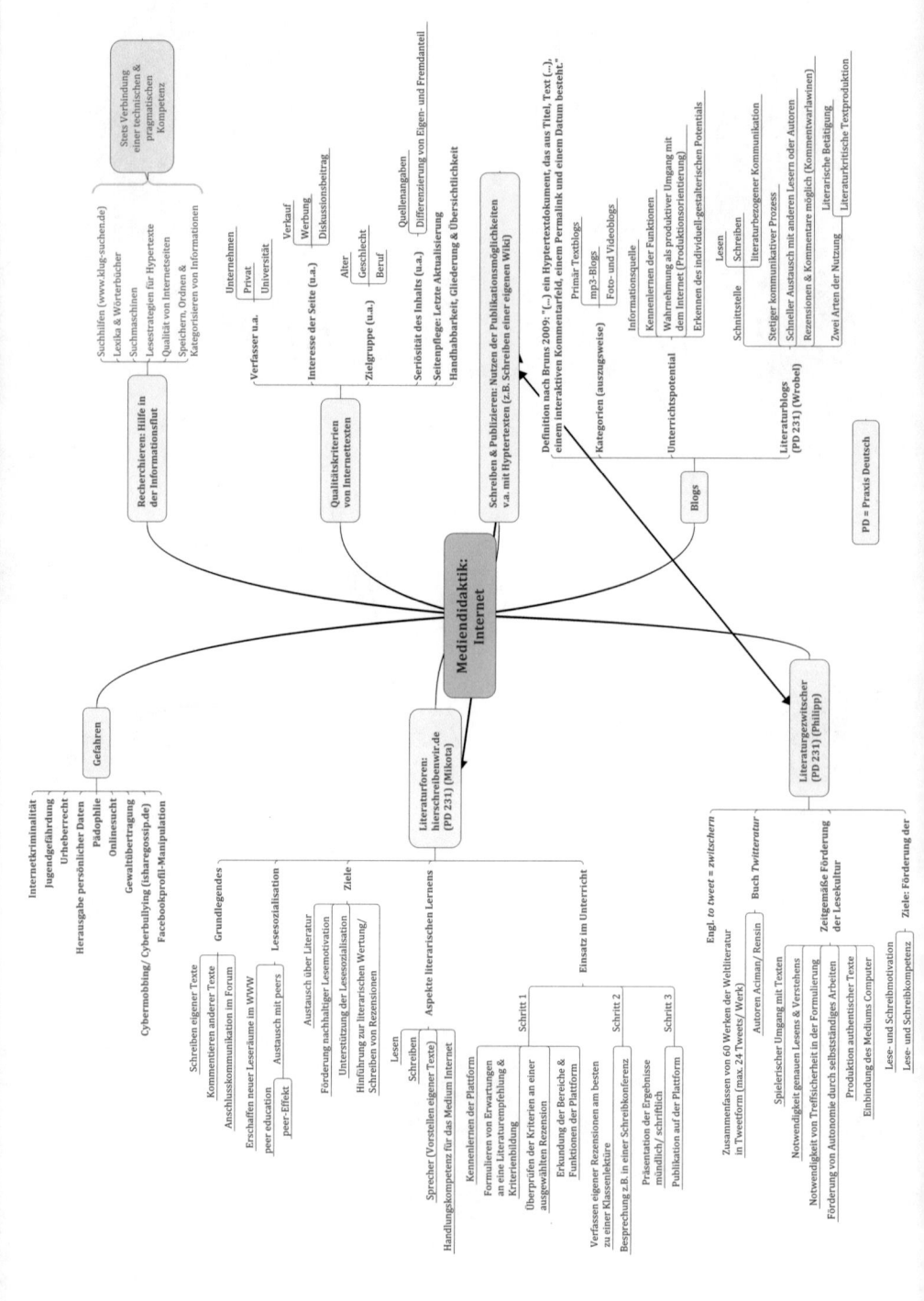

Medindidaktik: Internet

Stets Verbindung einer technischen & pragmatischen Kompetenz

Recherchieren: Hilfe in der Informationsflut
- Suchhilfen (www.klug-suchen.de)
- Lexika & Wörterbücher
- Suchmaschinen
- Lesestrategien für Hypertexte
- Qualität von Internetseiten
- Speichern, Ordnen & Kategorisieren von Informationen

Qualitätskriterien von Internettexten
- Verfasser u.a.
  - Unternehmen
  - Privat
  - Universität
- Interesse der Seite (u.a.)
  - Verkauf
    - Werbung
  - Diskussionsbeitrag
- Zielgruppe (u.a.)
  - Alter
  - Geschlecht
  - Beruf
- Seriösität des Inhalts (u.a.)
  - Quellenangaben
  - Differenzierung von Eigen- und Fremdanteil
- Seitenpflege: Letzte Aktualisierung
- Handhabbarkeit, Gliederung & Übersichtlichkeit

Schreiben & Publizieren: Nutzen der Publikationsmöglichkeiten v.a. mit Hypertexten (z.B. Schreiben eines eigenen Wiki)

Definition nach Bruns 2009: "(...) ein Hypertextdokument, das aus Titel, Text (...), einem interaktiven Kommentarfeld, einem Permalink und einem Datum besteht."

Kategorien (auszugsweise)
- Primär Textblogs
- mp3-Blogs
- Foto- und Videoblogs

Informationsquelle
- Kennenlernen der Funktionen
- Wahrnehmung als produktiver Umgang mit dem Internet (Produktionsorientierung)
- Erkennen des individuell-gestalterischen Potentials

Blogs

Unterrichtspotential
- Lesen
  - Schnittstelle
  - Stetiger kommunikativer Prozess
  - Rezensionen & Kommentare möglich (Kommentarlawinen)
  - Zwei Arten der Nutzung
- Schreiben
  - literaturbezogener Kommunikation
  - Schneller Austausch mit anderen Lesern oder Autoren
  - Literarische Betätigung
  - Literaturkritische Textproduktion

Literaturblogs (PD 231) (Wrobel)

PD = Praxis Deutsch

Gefahren
- Internetkriminalität
- Jugendgefährdung
- Urheberrecht
- Herausgabe persönlicher Daten
- Pädophilie
- Onlinesucht
- Gewaltübertragung
- Cybermobbing/ Cyberbullying (isharegossip.de)
- Facebookprofil-Manipulation

Literaturforen: hierschreibenwir.de (PD 231) (Mikota)

Grundlegendes
- Schreiben eigener Texte
- Kommentieren anderer Texte
- Anschlusskommunikation im Forum
- Erschaffen neuer Leseräume im WWW
- Austausch mit peers
  - peer education
  - peer-Effekt

Lesesozialisation
- Austausch über Literatur
- Förderung nachhaltiger Lesemotivation
- Unterstützung der Lesesozialisation
- Hinführung zur literarischen Wertung/ Schreiben von Rezensionen

Ziele

Aspekte literarischen Lernens
- Lesen
- Schreiben
- Sprecher (Vorstellen eigener Texte)
- Handlungskompetenz für das Medium Internet

Einsatz im Unterricht
- Kennenlernen der Plattform
- Formulieren von Erwartungen an eine Literaturempfehlung & Kriterienbildung — Schritt 1
- Überprüfen der Kriterien an einer ausgewählten Rezension
- Erkundung der Bereiche & Funktionen der Plattform
- Verfassen eigener Rezensionen am besten zu einer Klassenlektüre — Schritt 2
- Besprechung z.B. in einer Schreibkonferenz
- Präsentation der Ergebnisse mündlich/ schriftlich
- Publikation auf der Plattform — Schritt 3

Literaturgezwitscher (PD 231) (Philipp)

Engl. *to tweet* = zwitschern
- Buch Twitteratur
- Autoren Aciman/ Rensin
- Zusammenfassen von 60 Werken der Weltliteratur in Tweetform (max. 24 Tweets/ Werk)

Zeitgemäße Förderung der Lesekultur
- Spielerischer Umgang mit Texten
- Notwendigkeit genauen Lesens & Verstehens
- Notwendigkeit von Treffsicherheit in der Formulierung
- Förderung von Autonomie durch selbstständiges Arbeiten
- Produktion authentischer Texte
- Einbindung des Mediums Computer
- Lese- und Schreibmotivation

Ziele: Förderung der
- Lese- und Schreibkompetenz

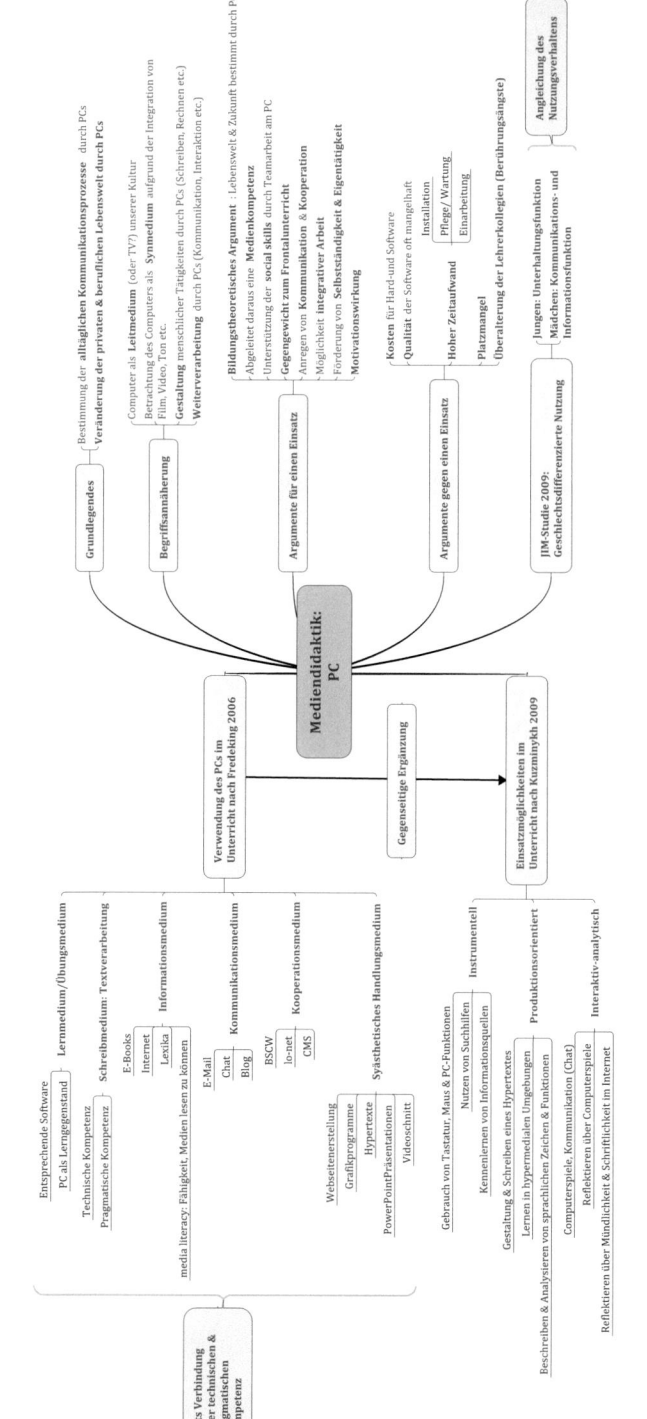

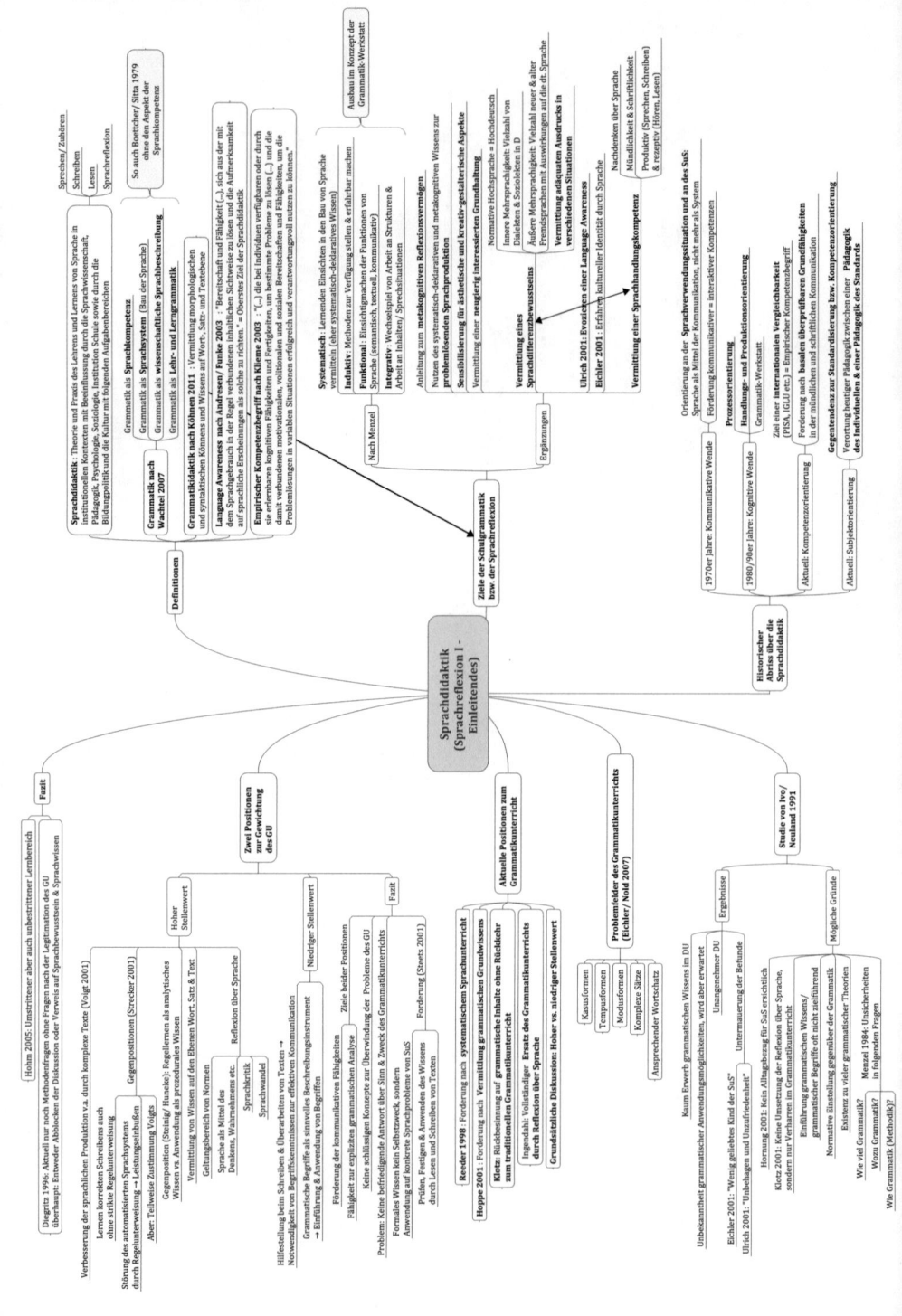

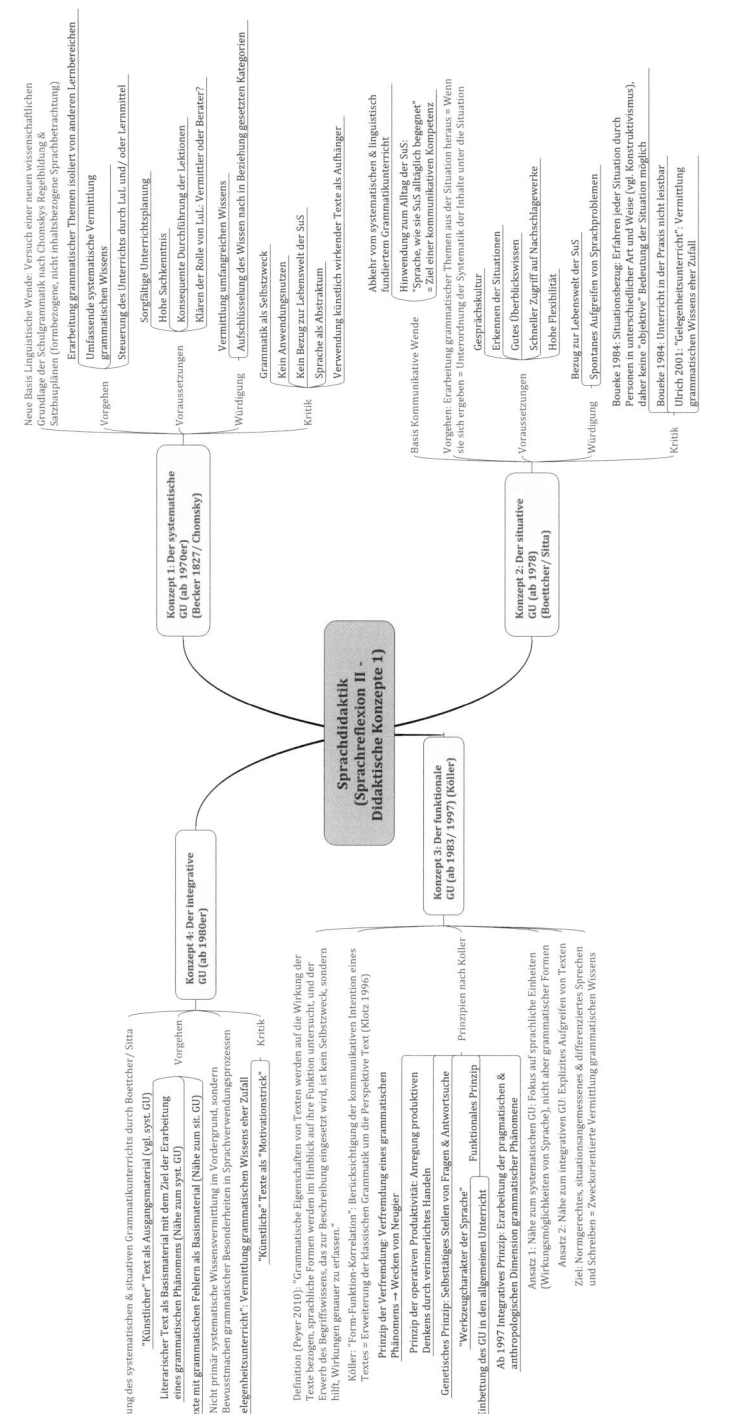

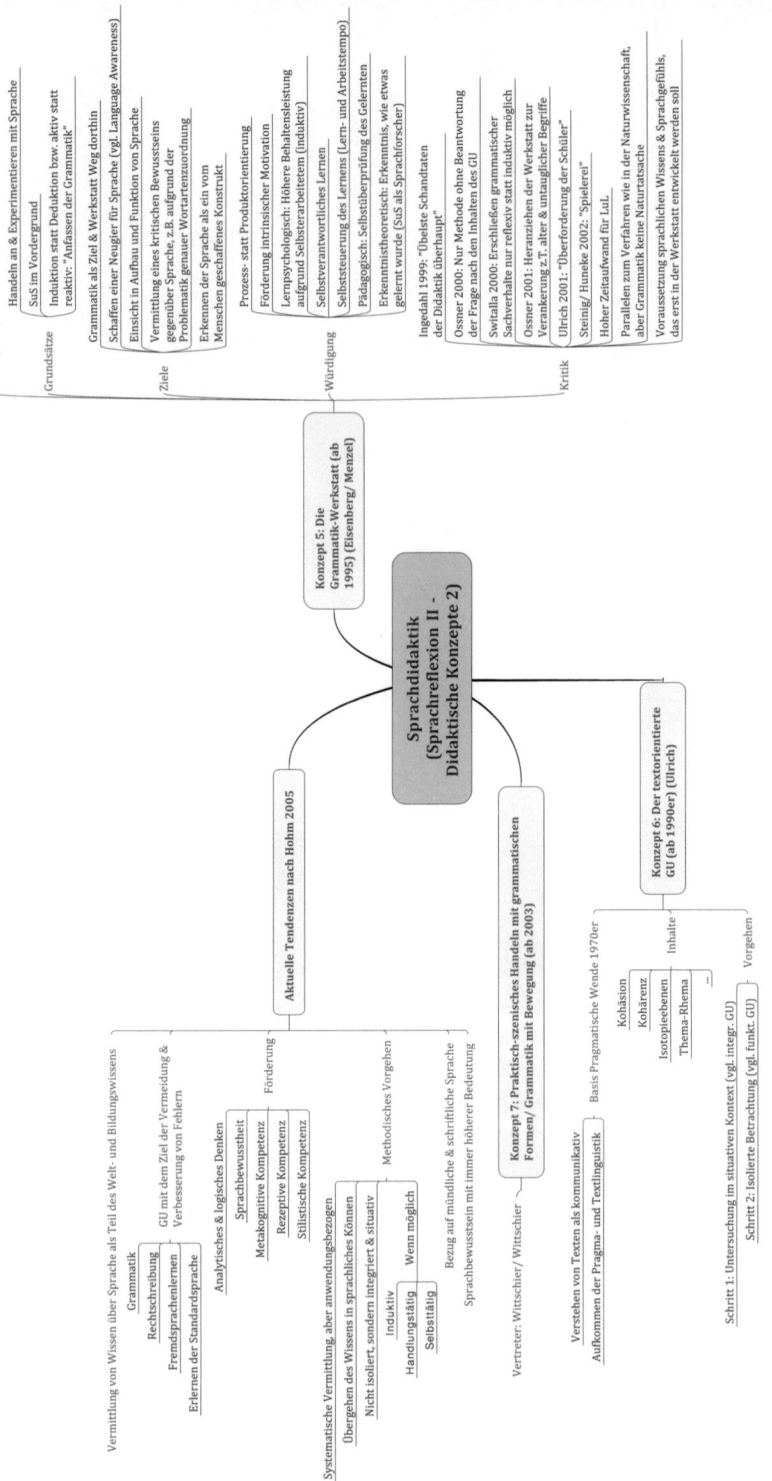

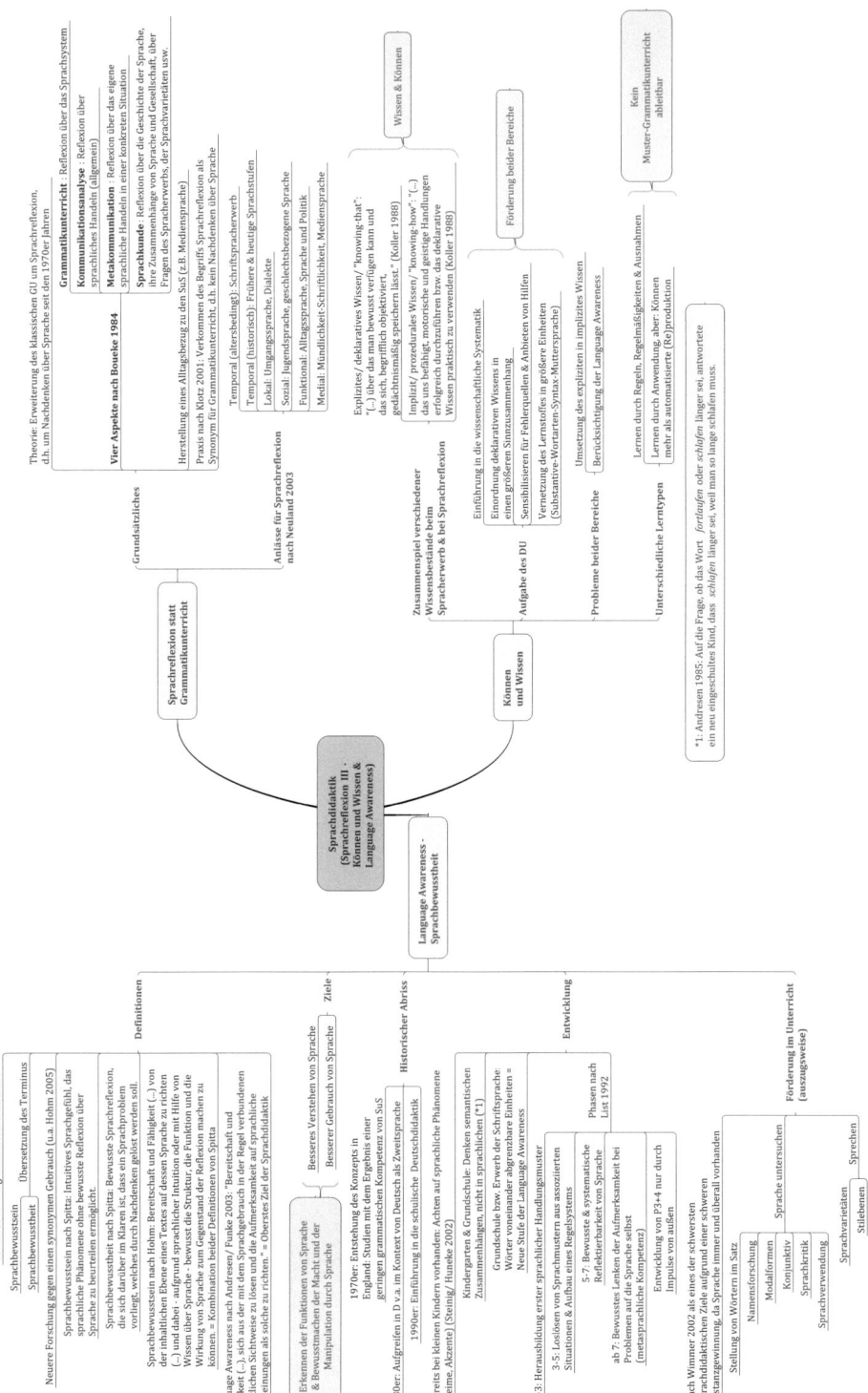

Sprachdidaktik (Sprachreflexion III - Können und Wissen & Language Awareness)

Sprachreflexion statt Grammatikunterricht

Grundsätzliches

Theorie: Erweiterung des klassischen GU um Sprachreflexion, d.h. um Nachdenken über Sprache seit den 1970er Jahren

Vier Aspekte nach Boueke 1984
- **Grammatikunterricht**: Reflexion über das Sprachsystem
- **Kommunikationsanalyse**: Reflexion über sprachliches Handeln (allgemein)
- **Metakommunikation**: Reflexion über das eigene sprachliche Handeln in einer konkreten Situation
- **Sprachkunde**: Reflexion über die Geschichte der Sprache, ihre Zusammenhänge von Sprache und Gesellschaft, über Fragen des Spracherwerbs, der Sprachvarietäten usw.

Herstellung eines Alltagsbezug zu den SuS (z.B. Mediensprache)

Praxis nach Klotz 2001: Verkommen des Begriffs Sprachreflexion als Synonym für Grammatikunterricht, d.h. kein Nachdenken über Sprache

Anlässe für Sprachreflexion nach Neuland 2003
- Temporal (altersbedingt): Schriftspracherwerb
- Temporal (historisch): Frühere & heutige Sprachstufen
- Lokal: Umgangssprache, Dialekte
- Sozial: Jugendsprache, geschlechtsbezogene Sprache und Politik
- Funktional: Alltagssprache, Sprache und Politik
- Medial: Mündlichkeit-Schriftlichkeit, Mediensprache

Können und Wissen

Grundsätzliches

Explizites / deklaratives Wissen/ "knowing-that": "(...) über das man bewusst verfügen kann und das sich, begrifflich objektiviert, gedächtnismäßig speichern lässt." (Koller 1988)

Implizit / prozedurales Wissen/ "knowing-how" "(...) das uns befähigt, motorische und geistige Handlungen erfolgreich durchzuführen bzw. das deklarative Wissen praktisch zu verwenden (Koller 1988)

Wissen & Können

Zusammenspiel verschiedener Wissensbestände beim Spracherwerb & bei Sprachreflexion

Aufgabe des DU
- Einführung in die wissenschaftliche Systematik
- Einordnung deklarativen Wissens in einen größeren Sinnzusammenhang
- Sensibilisieren für Fehlerquellen & Anbieten von Hilfen
- Vernetzung des Lernstoffes in größere Einheiten (Substantive-Wortarten-Syntax-Muttersprache)

Probleme beider Bereiche
- Umsetzung des expliziten in implizites Wissen
- Berücksichtigung der Language Awareness

Förderung beider Bereiche

Unterschiedliche Lerntypen
- Lernen durch Regeln, Regelmäßigkeiten & Ausnahmen
- Lernen durch Anwendung, aber: Können mehr als automatisierte (Re)produktion

Kein Muster-Grammatikunterricht ableitbar

*1: Andresen 1985: Auf die Frage, ob das Wort *fortlaufen* oder *schlafen* länger sei, antwortete ein neu eingeschultes Kind, dass *schlafen* länger sei, weil man so lange schlafen muss.

Language Awareness - Sprachbewusstheit

Definitionen

Terminus sehr vage definiert & differenziert
- Sprachbewusstsein
- Sprachbewusstheit — Übersetzung des Terminus

Neuere Forschung gegen einen synonymen Gebrauch (u.a. Hohm 2005)

Sprachbewusstsein nach Spitta: Intuitives Sprachgefühl, das sprachliche Phänomene ohne bewusste Reflexion über Sprache zu beurteilen ermöglicht.

Sprachbewusstheit nach Spitta: Bewusste Sprachreflexion, die sich darüber im Klaren ist, dass ein Sprachproblem vorliegt, welches durch Nachdenken gelöst werden soll.

Sprachbewusstsein nach Hohm: Bereitschaft und Fähigkeit (...) von der inhaltlichen Ebene eines Textes auf dessen Sprache zu richten (...) und dabei - aufgrund sprachlicher Intuition oder mit Hilfe von Wissen über Sprache - bewusst die Struktur, die Funktion und die Wirkung von Sprache zum Gegenstand der Reflexion machen zu können. = Kombination beider Definitionen von Spitta

Language Awareness nach Andresen/ Funke 2003: "Bereitschaft und Fähigkeit (...), sich aus der mit dem Sprachgebrauch in der Regel verbundenen inhaltlichen Sichtweise zu lösen und die Aufmerksamkeit auf sprachliche Erscheinungen als solche zu richten. " = Oberstes Ziel der Sprachdidaktik

Ziele
- Erkennen der Funktionen von Sprache & Bewusstmachen der Macht und der Manipulation durch Sprache
- Besseres Verstehen von Sprache
- Besserer Gebrauch von Sprache

Historischer Abriss

Entwicklung
- 1970er: Entstehung des Konzepts in England: Studien mit dem Ergebnis einer geringen grammatischen Kompetenz von SuS
- 1980er: Aufgreifen in D v.a. im Kontext von Deutsch als Zweitsprache
- 1990er: Einführung in die schulische Deutschdidaktik

Bereits bei den kleinen Kindern vorhanden: Achten auf sprachliche Phänomene (Reime, Akzente) (Steinig / Huneke 2002)

Phasen nach List 1992
- 0-3: Herausbildung erster sprachlicher Handlungsmuster
- 3-5: Loslösen von Sprachmustern aus assoziativen Situationen & Aufbau eines Regelsystems
- 5-7: Bewusste & systematische Reflektierbarkeit von Sprache
- ab 7: Bewusstes Lenken der Aufmerksamkeit bei Problemen auf die Sprache selbst (metasprachliche Kompetenz)

Kindergarten & Grundschule: Denken semantischen Zusammenhängen, nicht in sprachlichen (*1)

Grundschule bzw. Erwerb der Schriftsprache: Wörter voneinander abgrenzbare Einheiten = Neue Stufe der Language Awareness

Entwicklung von P3+4 nur durch Impulse von außen

Förderung im Unterricht (auszugsweise)

Nach Wimmer 2002 als eines der schwersten sprachdidaktischen Ziele aufgrund einer schweren Distanzgewinnung, da Sprache immer und überall vorhanden

- Stellung von Wörtern im Satz
- Namensforschung
- Modalformen
- Konjunktiv — Sprache untersuchen
- Sprachkritik
- Sprachverwendung
- Sprachvarietäten
- Stilebenen — Sprechen

15 - Sprachdidaktik (Sprachreflexion Teil 3 - Können und Wissen & Language Awareness).mmap - 21.02.2012 - Mindjet

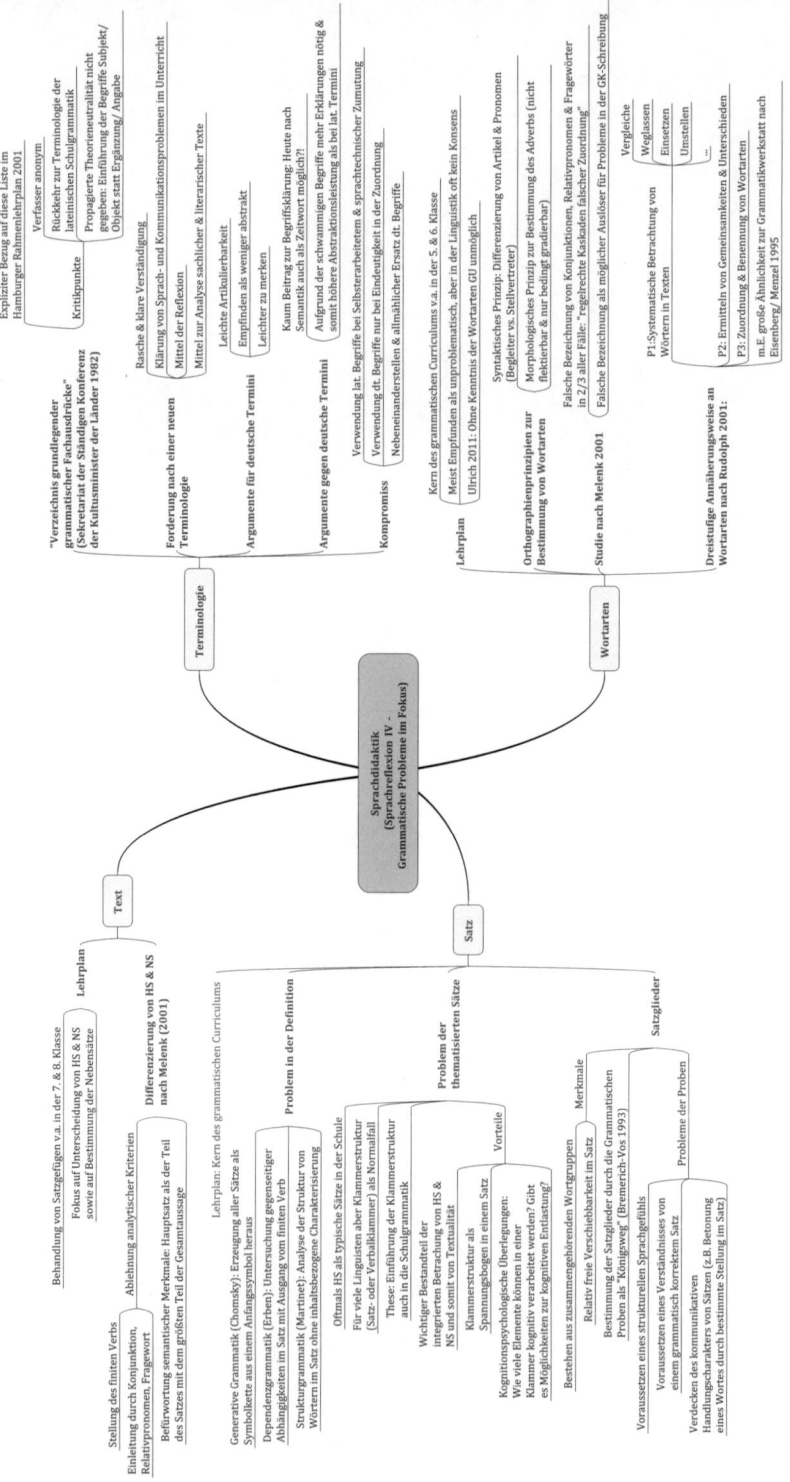